# LE
# CADEAU DU BEAU-PÈRE

COMÉDIE

Représentée pour la première fois, à Paris, sur le théâtre du Gymnase
le 7 mars 1874.

CHATILLON-SUR-SEINE. — IMPRIMERIE E. CORNILLAC.

# LE CADEAU

## DU

# BEAU-PÈRE

COMÉDIE EN UN ACTE

PAR

VICTOR BERNARD ET HENRI BOCAGE

PARIS

MICHEL LÉVY FRÈRES, ÉDITEURS

RUE AUBER, 3, PLACE DE L'OPÉRA

LIBRAIRIE NOUVELLE

BOULEVARD DES ITALIENS, 15, AU COIN DE LA RUE DE GRAMMONT

1874

# PERSONNAGES

| | |
|---|---|
| RÉSÉDA. | MM. RAVEL. |
| CHATENAY | ANDRIEU. |
| THÉODULE | FRANCÈS. |
| AMÉLIE. | M<sup>lle</sup> ANGÉLO. |
| FANNY | JULIETTE. |

A Paris, de nos jours.

# LE
# CADEAU DU BEAU-PÈRE

Salon élégant, à pans coupés. — Porte au fond, donnant dans l'antichambre. — Dans le pan coupé de gauche, porte de la chambre de Châtenay. — Dans celui de droite, porte de la chambre d'Amélie. — A gauche, premier plan, une fenêtre. — En scène, un canapé. — A droite, premier plan, une cheminée avec du feu. — A l'avant-scène, un coffre à bois. — Devant la cheminée, un fauteuil-Voltaire. — En scène, à droite, un guéridon. — Sur la cheminée, deux lampes allumées. — Au fond, à gauche, une petite table, sur laquelle il y a des assiettes, carafes, etc. Fauteuils, chaises.

## SCÈNE PREMIÈRE

### RÉSÉDA, puis FANNY.

Au lever du rideau, Réséda entre par le fond d'un air très-préoccupé ; il apporte des assiettes, serviettes, etc., va les déposer sur la petite table au fond, puis revient en scène, s'approche de la rampe comme pour parler, et se ravisant aussitôt, va s'asseoir sur le canapé en soupirant.

FANNY, entrant par le fond, et venant de gauche, un sac de gâteaux à la main, et à elle-même.

Pauvre bête !... un King's-Charles que madame a rapporté de Montargis... ça n'a pas été long !.. (Descendant.) Tenez, Réséda, voilà pour le dessert...

Elle dépose le sac sur le guéridon.

RÉSÉDA.

Ah ! c'est vous, mam'selle Fanny...

FANNY.

Encore à broyer du noir, comme d'habitude !..

RÉSÉDA.

Je préférerais broyer du rose... mais ce que je vois ici...

FANNY.

Qu'est-ce qu'il y a donc?

RÉSÉDA, se levant.

Dites-moi, mademoiselle Fanny, vous qui voyez souvent madame, croyez-vous qu'elle soit heureuse?

FANNY.

Je crois bien... cinquante mille francs de rente, et un mari charmant !...

RÉSÉDA.

Un mari qui est toujours dehors,... et qui dîne très-souvent en ville...

FANNY.

Un agent de change !...

RÉSÉDA.

Enfin, ils n'ont pas d'enfant...

FANNY.

Qu'est-ce que ça peut-vous faire ?

RÉSÉDA.

Ça m'attriste !

FANNY, allant à la cheminée.

Vous êtes bien de Montargis !... Quant à moi...

RÉSÉDA, à lui-même.

Oh ! ces domestiques parisiens !... quels égoïstes !

FANNY, arrangeant le feu.

D'ailleurs, aujourd'hui vous devriez être gai : monsieur est rentré de bonne heure et il dîne avec madame...

RÉSÉDA.

C'est juste! (A part.) Est-ce qu'il rentrerait au bercail ?

FANNY, riant.

Ce pauvre Réséda !... A propos, comment se fait-il que vous portiez le nom d'une fleur ?..

RÉSÉDA.

C'est mon parrain,... qui était greffier...

FANNY.

Au tribunal?...

RÉSÉDA.

Non... au Jardin des Plantes... Jardinier quoi !...

VOIX DE CHATENAY, dans la coulisse à droite.

Oui, ma chère amie... oui...

FANNY.

Monsieur!... je me sauve...

Elle sort par le fond.

RÉSÉDA.

Enfin, il dîne ici ce soir...

Il remonte.


# SCÈNE II

## RÉSÉDA, CHATENAY.


CHATENAY, entrant par le pan coupé de droite, et à lui-même.

Elle a bien pris la chose !

RÉSÉDA, au fond, à part.

Comment! seul !..

CHATENAY, au public.

Eh bien!.. vrai, là !... j'ai des remords... mais ce n'est pas ma faute... En sortant de la Bourse, je suis allé fumer un cigare chez Florentine, une cliente... une cliente..... chapitre profits et pertes... De plaisanteries... en plaisanteries elle m'a invité à l'inviter à dîner chez Brébant!... Le moyen de dire non à une brune aussi fantaisiste...

RÉSÉDA, à part.

Il est bien gai!!... je me méfie...

CHATENAY.

J'ai dit à ma femme que je dînais avec un client... un Irlandais... très-riche... et qui repart ce soir... Ce n'est pas bien ce que je fais là... (Résolument*.) A la prochaine liquidation, je donnerai à ma femme, je ne sais pas quoi, mais ce sera très-cher...

RÉSÉDA, qui a pris la nappe au fond, et va au guéridon.

Mais enfin, qu'est-ce qu'il a?...

Il frappe avec la main sur le guéridon.

CHATENAY, se retourne.

Ah! te voilà, toi?

RÉSÉDA, mettant la nappe sur le guéridon.

Oui, monsieur... il est six heures ; je viens mettre le couvert dans ce petit salon, comme madame me l'a commandé.... je suis l'homme du devoir... moi!

CHATENAY.

C'est bon!... je ne te demande pas de profession de foi... Le tailleur a-t-il apporté le vêtement que j'attendais?

---

* Chatenay, Réséda.

RÉSÉDA.

Non, monsieur... oh! les tailleurs, ça retarde toujours...
Monsieur veut-il qu'on serve?..

CHATENAY, allant à la porte de gauche.

Demandez à madame... je dîne en ville...

RÉSÉDA.

Hein?... comment? monsieur ne dîne pas?...

CHATENAY.

Je ne dîne pas ici... Est-ce clair?...

Il entre à gauche.


## SCÈNE III

### RÉSÉDA, seul.

Ah! mais!... ah! mais! ah! mais! assez de cascades,
monsieur Châtenay. (Il se croise les bras et se pose devant la porte de
gauche.) Ah! pourquoi es-tu venu, il y a dix-huit mois, à Montargis, demander la main de mademoiselle Amélie Girandard?
pourquoi ce père ambitieux te l'a-t-il accordée? parce que tu
étais un de ces 60 gentilshommes du 3% qui se disent de gros
mots, en faisant de grands gestes, de midi à trois heures,
autour d'une balustrade en fer; ils appellent ça la corbeille.
(Il va, tout en parlant, prendre les assiettes et un verre et met un couvert sur le
guéridon, du côté de la cheminée.) Moi, je ne voulais pas de ce ma-
riage, mais le beau-père me dit, avec émotion : « Réséda, je
te confie une mission ; veille sur le bonheur de ma fille... tu
es mon cadeau de noces. Le jour du baptême, je te donne
300 francs de rente viagère... » Et je suivis les conjoints à
Paris. Les premiers mois, j'étais assez content de monsieur...
nous avions une lune convenable... mais voilà que tout à
coup, monsieur change ses allures ; monsieur ne rentre qu'à
six heures, quand il rentre... et après dîner, s'il nous fait l'hon-
neur de dîner ici... il file... pour aller où?... (Tirant de sa poche
une photographie représentant une femme très-décolletée.) Cette photographie, tombée de son habit, m'a tout révélé... Jolie femme,
mais trop décolletée... J'ai pris des informations.... rue La-
bruyère, 65, au deuxième... mademoiselle Florentine, rentière... rentière!... Oui, elle vit de nos rentes... (Avec émotion et
se retournant vers la porte de droite.) Voilà le secret de tes soirées so-
litaires et de ton couvert isolé ; pauvre victime !... A droite, la
chambre de madame, à gauche, la chambre de monsieur. (Il
désigne tour à tour les deux portes.) Et le papa Girandard qui m'écrit

dans chacune de ses lettres : « A quand le baptême. » (Se retournant vers la porte de gauche.) Et je te laisserais courir les alcôves du demi-monde ! mais alors que devient ma mission... et ma rente viagère ? Non ! non, et, d'abord je mets ton couvert;... tu dîneras ici ce soir...

Il met un deuxième couvert sur le guéridon en gesticulant.

# SCÈNE IV

## RÉSÉDA, FANNY, puis CHATENAY.

FANNY, apportant des vêtements enveloppés *.
Qu'est-ce que vous avez encore ?

RÉSÉDA.
Rien.

FANNY.
Tenez, voilà les effets de monsieur, que le tailleur vient d'apporter.

RÉSÉDA, il les prend.
Justement monsieur les attend avec une impatience...

FANNY **.
Alors... portez-les-lui...

RÉSÉDA.
Tout de suite...

FANNY, sortant par la droite et à part.
Mais qu'est-ce qu'il a ?

RÉSÉDA, voyant qu'il est seul.
Le plus souvent. (Il jette le paquet sur la chaise près du guéridon.) Où les cacher ?..

VOIX DE CHATENAY, en dehors.
Réséda! Réséda !..

RÉSÉDA.
Il n'est plus temps.

Il s'assied sur le paquet.

CHATENAY, paraissant, il met ses boutons de manche ***.
Réséda ! Réséda !... (Le cherchant et l'apercevant assis.) Que fais-tu là ? lève-toi donc...

RÉSÉDA.
Monsieur m'excusera.... un étourdissement !..

* Fanny, Réséda.
** Réséda, Fanny.
*** Chatenay, Réséda.

CHATENAY.

Décidément, le climat de Paris ne te vaut rien.

RÉSÉDA.

Rien, monsieur... (A part.) Mais où les fourrer?

CHATENAY, allant à gauche.

Le tailleur n'est pas venu?

RÉSÉDA.

Je ne l'ai pas vu, monsieur!... (A part.) Ah! dans le coffre à bois.

Il se lève doucement, prend les effets, et pendant que Chatenay tourne le dos, il ouvre le coffre à bois, et les y met.

CHATENAY.

Est-ce ennuyeux!... heureusement que Florentine ne m'attend qu'à sept heures... (Se retournant et voyant Réséda debout près du coffre.) Ça va donc mieux?

RÉSÉDA.

Monsieur est bien bon... c'est passé.

CHATENAY, regardant le guéridon.

Eh bien! tu as mis deux couverts?

RÉSÉDA.

Oui, pour monsieur et madame...

CHATENAY.

Je t'avais pourtant dit... Enlève ce couvert...

RÉSÉDA, tenant le couvert à la main.

Alors décidément, monsieur ne dîne pas avec madame?

CHATENAY.

Évidemment!

Il s'assied sur le canapé.

RÉSÉDA.

Monsieur a bien tort...

CHATENAY.

Tu dis?...

RÉSÉDA.

Si monsieur connaissait le menu de ce soir...

CHATENAY.

Attends... Aujourd'hui mercredi: veau bourgeoise... épinards au jus.

RÉSÉDA, à part.

En plein... (Haut.) Monsieur fait erreur! Voici le menu du jour: potage bisque, perdreaux catalane, homard sauce sicilienne, plat glacé...

CHATENAY, se levant.

Allons donc!

RÉSÉDA, à part.

Brébant est à deux pas.

CHATENAY.

Est-ce que madame attend du monde ?

RÉSÉDA.

Non... C'est une surprise que madame voulait faire à monsieur.

CHATENAY, lentement.

Ah! c'est une surprise. (A part.) Pleine d'attentions, ma femme!...

RÉSÉDA, à part.

Il hésite.

CHATENAY, à lui-même.

La semaine prochaine, je la conduis au café Anglais... Ce sera mon châtiment. (Regardant sa montre, avec impatience.) Six heures quinze... Et ce tailleur qui ne vient pas.

RÉSÉDA, qui a replacé le couvert au fond.

Oh ! il ne peut tarder ; attendez, monsieur, attendez...

CHATENAY, il va à la cheminée et prend les pincettes *.

Il ne fait pas chaud ici!... mets donc du bois.

RÉSÉDA, va rapidement se mettre devant le coffre à bois.

Si monsieur veut me permettre d'arranger...,

CHATENAY.

Laisse-moi donc !...

RÉSÉDA, cherchant à enlever les pincettes à Châtenay.

Monsieur n'y songe pas, ce n'est pas propre et...

CHATENAY, le faisant vivement passer à gauche.

Laisse-moi... te dis-je?... Tu vas courir chez mon tailleur... et tu lui diras...

Pendant ce temps, il a ouvert le coffre à bois et avec les pincettes il en retire le pardessus enveloppé.

RÉSÉDA, à part.

Il le tient !

CHATENAY.

Qu'est-ce que c'est que ça ?

RÉSÉDA, à part.

Perdu ?

Il saisit le paquet, que Châtenay retient ; l'enveloppe seule reste aux mains de Réséda.

CHATENAY, qui tient le pardessus.

Hein? le pardessus!... Le tailleur est donc venu ?

RÉSÉDA.

Le tailleur!... non... oui... c'est-à-dire... il était pressé!...

CHATENAY, ironique.

Et c'est lui qui a fourré ce vêtement dans le coffre à bois ?

_______________

* Réséda, Châtenay.

RÉSÉDA.

Oui... c'est-à-dire... non, c'est moi! ce doit être moi;

CHATENAY.

Toi !... pourquoi?

RÉSÉDA.

A cause de la poussière... Je balayais, et alors...

CHATENAY, allant à gauche, et secouant le pardessus froissé.

Quel idiot !


# SCÈNE V

### LES MÊMES, FANNY.


FANNY, entrant par la droite, et bas *.

Pauvre madame, elle pleure.

RÉSÉDA, qui a entendu.

Elle pleure?..

FANNY, bas.

Lorsque je lui ai dit que son pauvre King's Charles...

RÉSÉDA, bas.

Hein? Vous croyez que c'est pour ça ? (A part.) Elle est stupide, cette soubrette!.. (Haut, en la poussant.) Allez-vous-en. (A lui-même.) Ah! elle pleure... (Il va se poser devant la porte de droite et d'un ton désolé.) Pauvre madame.

CHATENAY, qui allait entrer à gauche.

Hein? Qu'est-ce que tu dis de madame?..

RÉSÉDA.

C'est Fanny qui prétend que madame...

CHATENAY.

Quoi ?.. madame?

RÉSÉDA.

Fanny prétend que madame a pleuré...

CHATENAY.

Il serait vrai.,. (A lui-même.) Est-ce que mon absence ce soir ?..

RÉSÉDA.

Ça se pourrait, monsieur... ça se pourrait.

CHATENAY, à part.

Elle pleure... et j'aurais le courage d'aller... (Haut.) Réséda, mets mon couvert...

Il jette le pardessus à gauche sur une chaise.


* Châtenay, Réséda, Fanny.

RÉSÉDA, avec joie.

Monsieur dîne ici ? (Mettant le deuxième couvert.) Monsieur a bien raison. Oh ! la cuisine des restaurants !... Brébant, c'est la ruine de l'estomac. (A part.) Ça me fait penser qu'il faut que j'y aille tout de suite.

CHATENAY.

Il n'est que six heures, et en pressant un peu le service j'arriverai encore à temps.


## SCÈNE VI

### LES MÊMES, A MÉLIE *.


AMÉLIE, entrant par la droite.

Mon ami, tu es encore là !

CHATENAY, à part.

Elle n'a pas l'air d'avoir pleuré du tout...

RÉSÉDA.

Le couvert de monsieur est mis...

AMÉLIE.

Comment tu t'es ravisé ?

CHATENAY.

Mais sans doute... nous dînerons en tête-à-tête... Je ne veux pas que tu sois triste...

AMÉLIE.

Oh ! je l'étais un peu tout à l'heure... en apprenant que mon pauvre Kings'Charles...

CHATENAY, étonné.

Comment c'est à cause de ?.. (A part.) Et j'ai fait mettre mon couvert ! me voilà cloué à présent.

AMÉLIE.

Ah ! mon ami, je viens d'écrire à mon père... si tu veux ajouter un post-scriptum...

CHATENAY.

Inutile ! Tu lui as fait mes compliments, ainsi qu'au cousin Théodule ?

AMÉLIE.

Naturellement. Voyons, Réséda, servez. .

CHATENAY.

Et qu'on soigne les perdreaux...

Il est assis sur le canapé.

* Chatenay, Amélie, Réséda.

I.

AMÉLIE, étonnée.

Les perdreaux !..

RÉSÉDA, bas.

Une surprise de monsieur ? (Haut.) On va servir. (A part.) Vite
courons chez Brébant.                              Il sort par le fond.

AMÉLIE, allant s'asseoir sur le canapé.

Je m'en veux maintenant de te faire négliger tes affaires...

CHATENAY.

Oh !

AMÉLIE.

Mais si, puisque tu me sacrifies un client...

CHATENAY.

Bah ! il attendra, l'Égyptien...

AMÉLIE.

Comment, l'Égyptien ?

CHATENAY.

Oui, l'Égyptien.

AMÉLIE.

Tout à l'heure, c'était un Irlandais...

CHATENAY, à part.

Maladroit !.. (Haut.) Égyptien, Irlandais... on s'y perd dans
ces étrangers.

AMÉLIE.

Au fait, un client peut quelquefois servir de prétexte
pour...

CHATENAY.

Comment, tu pourrais croire ?...

AMÉLIE.

Non !... oh ! non... J'ai confiance...

CHATENAY.

Et tu as raison.

Il l'embrasse.

## SCÈNE VII

### LES MÊMES, THÉODULE.

THÉODULE, entrant par le fond et voyant le baiser.

Bravo ! bravo ! bravissimo !

AMÉLIE.

Théodule !..                                      Ils se lèvent.

CHATENAY.

Le cousin de Montargis !..

THÉODULE.

Bonjour, cousin, bonjour, cousine. J'arrive... le temps seulement de faire une commission pressée pour le papa Girandard...

*Il s'assied sur le canapé avec Amélie, Chatenay prend une chaise *.*

AMÉLIE.

Mon père ! comment va-t-il ?

THÉODULE.

Très-bien... seulement, il n'est pas content... Ah ! pristi ! non... il n'est pas content...

AMÉLIE.

Pourquoi donc ?

THÉODULE.

Il a de l'ambition, cet homme... il veut passer grand-père... Il m'a chargé de vous redire les quatre mots cabalistiques : « à quand le baptême ? »

CHATENAY.

Théodule !

THÉODULE.

Ah ! s'il vous avait surpris comme moi, en entrant... ça lui donnerait de l'espoir...

CHATENAY, à part.

Il est bête, le cousin...

AMÉLIE.

Et qui vous amène à Paris ?

THÉODULE.

Oh ! moi... vous savez... tous les ans, c'est réglé, il me faut mes trois mois de Paris...

AMÉLIE.

Pour revoir les musées, les spectacles ?...

CHATENAY.

Et les célébrités des deux sexes ?...

THÉODULE, souriant.

Oh ! des deux... pas précisément...

AMÉLIE.

Vous dînez avec nous ?...

CHATENAY.

Oui, vous dînez avec nous !...

THÉODULE.

Volontiers.

* Amélie, Théodule, Chatenay.

## SCÈNE VIII

### Les Mêmes, RÉSÉDA.

RÉSÉDA, *entrant avec la soupière.*

Madame est servie...

CHATENAY, *se levant.*

Mets un couvert de plus.

RÉSÉDA *.

Un troisième couvert?... Tiens, monsieur Théodule!

THÉODULE.

Ah! voilà Réséda! .. le fidèle serviteur.

RÉSÉDA, *allant mettre le troisième couvert.*

Oui, monsieur, esclave du devoir... on n'a rien à me re-
procher, pour ce qui est de mon service, moi!

CHATENAY.

C'est bon, assez...

RÉSÉDA, *à part.*

Ça réveille ses remords...

AMÉLIE, *se levant.*

A table! votre bras, Théodule...

*Théodule va à la table avec Amélie.*

CHATENAY, *à Réséda qui lui donne une chaise et bas **.*

Au dessert, tu iras chercher une voiture.

RÉSÉDA.

Pour monsieur Théodule?

CHATENAY.

Non, pour moi.

RÉSÉDA, *pendant que les autres s'installent, au public.*

C'est ça... il s'est dit : le cousin tiendra compagnie à ma
femme... et moi j'irai... courir les ruelles!...

*Il reste rêveur.*

CHATENAY.

Réséda, des assiettes?

RÉSÉDA.

Voilà, monsieur...

*Il enlève les assiettes.*

FANNY, *apportant les perdreaux.*

Voici les perdreaux.

*Elle les sert, prend les assiettes que tient Réséda et sort.*

* Amélie, Théodule, Réséda, Chatenay.
** Réséda, Chatenay, Amélie, Théodule.

CHATENAY.

A boire.

AMÉLIE.

Théodule, une aile...

THÉODULE.

Volontiers.

AMÉLIE.

Et toi, mon ami?

CHATENAY.

Oh! je n'ai pas d'appétit... presque rien.

RÉSÉDA, à part, en scène.

Il brûle de s'esquiver... (Sortant la photographie de sa poche.) Et c'est pour une créature pareille que... Voilà bien les hommes... les voilà... plus les femmes sont décolletées et plus... (Se ravisant.) Je comprends ça, du reste...

THÉODULE.

A boire, Réséda!

RÉSÉDA.

Voilà, monsieur Théodule... (Il va verser.) Madame veut-elle?...

THÉODULE.

Excellent, ce bordeaux! Cousine, mes compliments.

RÉSÉDA, qui est revenu en scène.

Aussi, quelle idée a madame de porter toujours des robes montantes... ça n'est pas encourageant.

FANNY, entrant et portant un homard et une saucière *.

Réséda, voilà le homard.

RÉSÉDA.

Et la fameuse sauce!...

Il prend brusquement les deux objets et manque de renverser la saucière.

FANNY.

Prenez garde... je n'ai pas un tas de robes de rechange.

RÉSÉDA, à part.

De rechange... mais c'est une idée, ça!... (A demi-voix.) Écoutez, Fanny, il se peut que votre maîtresse désire tout à l'heure changer de robe.

FANNY, bas.

Elle sort donc ce soir?

RÉSÉDA.

Oui, je crois qu'elle va en soirée...

FANNY.

Alors, je vais préparer une robe de bal.

---

* Fanny, Réséda, Chatenay, Amélie, Théodule.

RÉSÉDA.

Très-décolletée... c'est ça... allez vite.          *Fanny sort à droite.*

CHATENAY.

Hé bien, Réséda, dépêchons!

RÉSÉDA, à part.

Est-il pressé! Mais, j'ai mon plan... (Haut.) Homard, sauce sicilienne...

*Il passe derrière Amélie et renverse sur elle la saucière. — Tous se lèvent* *.

AMÉLIE.

Oh!

CHATENAY.

Maladroit.

THÉODULE.

Une sauce si parfumée!...

AMÉLIE.

Une robe si jolie!...

RÉSÉDA.

C'est encore tout frais... Si madame changeait de robe, on pourrait en frottant tout de suite...

AMÉLIE.

Dites à Fanny de venir...

RÉSÉDA.

Elle est chez madame.

AMÉLIE, à Réséda en sortant.

Maladroit!          *Théodule se rassied et mange.*

RÉSÉDA, à part.

Maladroit, c'est selon...

CHATENAY, à part.

Si je profitais de l'accident... (Haut.) Cousin, tu m'excuseras... une affaire pressée... je suis forcé de sortir... je te laisse avec ma femme... (A lui-même.) allons achever ma toilette...

THÉODULE.

Hein! comment!

CHATENAY, prenant son pardessus.

Réséda, vite, une voiture!...          *Il entre à gauche.*


## SCÈNE IX

### RÉSÉDA, THÉODULE, puis Fanny.


RÉSÉDA, à lui-même.

Il va s'échapper!... Et dire que si cet olibius n'était pas là...

* Chatenay, Amélie, Réséda, Théodule.

monsieur serait obligé de rester... Comment le renvoyer?...
(Comme frappé d'une idée.) Ah!.. (Il place la photographie dans la poche de son gilet, face au public, puis vient près de Théodule.) Alors, monsieur compte passer la soirée ici?

THÉODULE.

Passer la soirée en famille, comme à Montargis!... Je ne suis pas venu à Paris pour ça... au contraire...

RÉSÉDA.

Je me disais aussi : il est bien changé monsieur Théodule, lui qui était toujours à la recherche de quelque intrigue...
Il tire un peu hors de la poche de son gilet la photographie de Florentine.

THÉODULE.

Mais, toujours. (Voyant la photographie.) Qu'est-ce que tu as là?...

RÉSÉDA, à part.

Il l'a vue. (Haut.) C'est un objet d'art, monsieur.

THÉODULE, la prenant et se levant *.

Voyons?... Pristi!...la jolie femme!... et quelles épaules!...
Il s'assied sur le canapé.

RÉSÉDA, s'asseyant aussi sur le canapé.

Epaules remarquables. Mademoiselle Florentine, rue la Bruyère, 65, au deuxième, la porte à gauche; huit mille de loyer.

THÉODULE.

Peste!... elle va bien...

RÉSÉDA.

Oh! c'est une demi-mondaine très-distinguée. La soubrette, que je connais, me disait encore aujourd'hui : « Madame passe toutes ses soirées au coin du feu... »

THÉODULE.

Seule?... tu en es sûr?..

RÉSÉDA.

Absolument seule... monsieur?..

THÉODULE.

Rue la Bruyère...

RÉSÉDA.

65.

THÉODULE, se levant **.

Pristi!... Il fait chaud ici.

RÉSÉDA, se levant.

Monsieur a raison... on serait mieux sur les boulevards...
Il va prendre le chapeau et le pardessus de Théodule et les lui offre.

* Théodule, Réséda.
** Réséda, Théodule.

THÉODULE.

Tiens, je te crois... mais ma cousine qui va revenir... Ce
ne serait pas convenable.

RÉSÉDA.

Bah!... entre parents... d'ailleurs, on se couche de bonne
heure ici...

THÉODULE, prenant le chapeau et le pardessus.

Au fait, je les verrai demain... Je vais faire un tour sur les
boulevards...  Il sort.

RÉSÉDA.

Rue la Bruyère, 65.... Enfin.... il est parti... A présent, il
il faudra bien que monsieur reste. (A Fanny, qui entre par la droite.)
Aidez-moi à emporter ça... (Ils emportent le guéridon.) Eh bien!...
Et madame?...

FANNY.

Elle est en toilette de bal.

RÉSÉDA, à part.

Bon!... très-bien.  Ils sortent par le fond.


# SCÈNE X

### CHATENAY, RÉSÉDA.

CHATENAY, entrant par la gauche, le pardessus sur le bras.

Me voilà prêt!.. et maintenant... Tiens, personne!... où est
donc Théodule?

RÉSÉDA, rentrant.

Il vient de sortir, monsieur... Une commission pressée...
un envoi de dinde truffée... pour sa tante... qui a une gastrite.

CHATENAY, à lui-même.

Sapristi!... Bah! il va revenir... (A Réséda.) La voiture est là?

RÉSÉDA.

Pas encore, monsieur, mais je vais...

CHATENAY.

Inutile... j'irai à pied...

RÉSÉDA.

Par le temps qu'il fait!... Monsieur s'enrhumerait, et un
agent de change enrhumé!... Je cours à la station...

CHATENAY.

Je te le défends...

RÉSÉDA, sortant par le fond.

La désobéissance est un devoir sacré...

Il ferme la porte et on entend donner un tour de clef.

CHATENAY.

C'est trop fort!... (Frappant.) Ouvriras-tu, misérable!...


# SCÈNE XI

## CHATENAY, AMÉLIE, RÉSÉDA.


AMÉLIE, en costume de bal, mais avec un mantelet sur ses épaules.
Qu'est-ce donc?... Qu'y a-t-il?

CHATENAY, à part.
Ma femme!

AMÉLIE.
Tu sortais?...

CHATENAY.
Oui... non .. mon client... C'est cet imbécile de Réséda avec ses réponses.

AMÉLIE.
Il se formera... Tiens! où est donc Théodule?

CHATENAY.
Il est sorti... pour un instant seulement.

RÉSÉDA, reparaissant à droite, et à part.
Compte là dessus!

AMÉLIE.
Alors, nous l'attendrons pour prendre le café!

CHATENAY, à part.
C'est Florentine, qui doit piétiner.

Il se promène, et va à droite.

RÉSÉDA, à droite, au fond, et à part *.
Pas d'épaules!... Elle a mis une housse!... prisli!..

AMÉLIE, à Chatenay qui revient à gauche avec agitation.
Dis donc, mon ami, tu te crois donc sur les boulevards, pour arpenter ainsi?

CHATENAY.
Non... pardon ..je pensais...

AMÉLIE, allant à lui et lui prenant le bras **.
Voyons, monsieur... Venez donc vous asseoir là... près de moi...

CHATENAY, souriant.
Avec plaisir...

Ils s'assoient sur le canapé.

* Amélie, Réséda, Chatenay.
** Amélie, Chatenay, Réséda.

RÉSÉDA, à part.

Il faut qu'elle se décollette.... comme la photographie...
Chauffons l'atmosphère...

*Il met des bûches dans le feu, en se dissimulant derrière le fauteuil-Voltaire.*

AMÉLIE.

Elles sont rares, les soirées que vous daignez me consacrer...

CHATENAY.

Que veux-tu? chaque profession a ses tyrannies... un
agent de change est l'esclave de son carnet... (A part.) Théodule
ne revient pas.

RÉSÉDA, à part.

Chauffons !

AMÉLIE.

Mais enfin la Bourse ferme à trois heures... et, le soir?..

CHATENAY.

Le soir!... c'est étonnant les affaires que l'on fait le soir, à
Paris...

AMÉLIE.

Ah ! c'est différent... Dieu ! qu'il fait chaud ici...

RÉSÉDA, à part.

Je crois bien, nous sommes en plein Sénégal.

CHATENAY.

On compte sur une forte hausse demain, et si je ne vois
pas mon client, ce soir... il perdra...

AMÉLIE, se levant.

Oh ! je ne veux pas être cause...

CHATENAY, se levant.

Alors, tu me permets....

AMÉLIE.

Puisqu'il le faut... je me résigne... Oh ! décidément, il fait
trop chaud...

*Elle quitte son mantelet.*

CHATENAY, qui allait sortir, se retournant *.

A tout à l'heure... Oh ! quelle ravissante toilette !

RÉSÉDA, à part.

Comme la photographie.

AMÉLIE.

C'est ma nouvelle couturière...

CHATENAY.

Tu es charmante ainsi... tout à fait charmante...

AMÉLIE.

Tu trouves?

---

* Chatenay, Amélie, Réséda.

CHATENAY, redescendant un peu.

C'est à cause du cousin, cette robe-là ?

AMÉLIE.

Mais non... c'est à cause du homard...

CHATENAY.

Ah ! oui...

Il dépose son chapeau et son pardessus à gauche.

RÉSÉDA, à part.

Monsieur n'a plus l'air d'un homme qui veut s'en aller.

AMÉLIE.

Ma femme de chambre m'a donné cette robe... et machinalement...

CHATENAY.

Elle a eu la main heureuse, Fanny ! (Lui prenant les mains.) Mais... viens donc... que je t'admire encore..

AMÉLIE.

Admirez-moi, monsieur, tout à votre aise...

CHATENAY, l'embrassant.

Chère Amélie !

RÉSÉDA, à part.

Oh !... ne soyons pas indiscret...

Il entre à droite.

AMÉLIE.

Nous voilà, comme aux premiers jours de mon arrivée à Paris... tu avais alors bien moins de clients...

CHATENAY.

Oh ! ne parlons pas des clients.

AMÉLIE.

A la bonne heure, je te retrouve... et voilà comme je t'aime !

CHATENAY.

Et moi donc, chère Amélie !

Il l'embrasse. Bruit de voix au fond.

CHATENAY.

Quel est ce bruit ?

AMÉLIE.

Qu'y a-t-il ?

## SCÈNE XII

### Les Mêmes, THÉODULE.

THÉODULE, *entrant par le fond, à Réséda.*
Veux-tu bien me lâcher, animal.

CHATENAY.
Théodule. (*A part.*) Le maladroit !

THÉODULE [*].
C'est cet imbécile de Réséda qui me disait que vous n'étiez
pas...

RÉSÉDA, *l'interrompant.*
... Couchés... pas couchés...

THÉODULE.
Alors pourquoi m'empêcher d'entrer ?...

CHATENAY.
Comment !... Tu l'empêchais ?...

RÉSÉDA.
Je voulais annoncer monsieur : chez un agent de change,
on annonce toujours...

CHATENAY.
C'est bon.

RÉSÉDA, *à part* [**].
Mademoiselle Florentine lui a donc refusé l'hospitalité !...
ça m'étonne.

CHATENAY.
Enfin vous voilà, cousin !... je vous laisse avec Amélie...

RÉSÉDA, *tapant du pied, à part.*
Pristi !

AMÉLIE.
Réséda, allez préparer le café.

RÉSÉDA.
Oui, madame. (*Il prend le chapeau de Chatenay et en sortant, à part.*)
Gagnons du temps.

CHATENAY, *à Amélie* [***].
A tout à l'heure.

AMÉLIE.
Ne sois pas longtemps, mon ami

[*] Chatenay, Réséda, Théodule, Amélie.
[**] Réséda, Chatenay, Théodule, Amélie.
[***] Chatenay, Amélie, Théodule.

THÉODULE.

Ne craignez rien, cousine... on ne s'ennuie pas avec moi et
les dames de Montargis pourraient vous dire...

CHATENAY.

Oui, je sais... vous êtes un séducteur... (A part.) d'arrondis-
sement.

THÉODULE.

Que voulez-vous?... c'est la nature... je ne suis pas égoïste !

CHATENAY, cherchant.

Où est donc mon chapeau?... je l'avais laissé là...

AMÉLIE

Dans ta chambre, sans doute.

CHATENAY.

En effet !... pourtant, j'aurais juré...

Il entre à gauche.

AMÉLIE.

Et ma lettre, pour mon père, que j'oubliais.

THÉODULE.

Le papa Girandard? vous lui écrivez?... dites-lui... non,
permettez-moi d'ajouter un mot ; il s'agit d'une affaire...

AMÉLIE.

Volontiers.. Si vous voulez vous donner la peine...

Amélie et Théodule sortent par la droite.


# SCÈNE XIII

## RÉSÉDA, CHATENAY.


RÉSÉDA, au fond, gesticule avec le chapeau qu'il tient à la main sans
paraître en avoir conscience.

Madame, j'ai commandé le café — Allons, décidément le
baptême est encore retardé !

CHATENAY, entrant par la gauche *.

Ah çà ! mais, je ne retrouve pas ce chapeau... où donc ?...
(Il aperçoit Réséda qui veut le dissimuler.) Eh ! le voilà !... Que fais-tu
donc ?...

RÉSÉDA, le brossant vivement.

Je le brosse, monsieur... je le brosse  (Le lui rendant.) Voilà.
(A part.) Que faire ?

CHATENAY, le prenant.

Où est donc madame ?

* Chatenay, Réséda.

RÉSÉDA.

Dans sa chambre, avec monsieur Théodule.

CHATENAY, naturellement.

Ah!

RÉSÉDA, ayant trouvé son idée, à part.

Oh !

Il s'approche de la cheminée et remonte à droite.

CHATENAY, passant une manche de son pardessus.

Florentine me boudera d'abord... mais je saurai me faire pardonner...

Réséda est remonté à la porte de droite, restée ouverte, et simule sur sa main le bruit de deux baisers.

CHATENAY, s'arrêtant tout à coup.

Un baiser!

RÉSÉDA, à part. — Redescendant à droite.

Il restera. (Chatenay se dirige vivement vers la porte de droite. — Réséda remontant et lui barrant le passage.) Monsieur a oublié quelque chose?...

CHATENAY.

Non... oui .. va-t'en !

RÉSÉDA.

Si monsieur voulait me dire ?...

CHATENAY, le poussant.

Va donc...

RÉSÉDA, à part, sortant au fond.

Sapristi ! je crois que j'ai été un peu loin.


# SCÈNE XIV

## CHATENAY, THÉODULE, AMÉLIE, puis RÉSÉDA.


CHATENAY.

Un baiser!... Ce Lovelace de province... aurait osé!... Les voici... contenons-nous...

THÉODULE *.

Tiens ! encore là !

CHATENAY.

Ah ! vous me croyiez parti ?

AMÉLIE, entrant, une lettre à la main.

Mon ami, voici la lettre pour mon père... ne l'oublie pas.

* Chatenay, Amélie, Théodule.

(Elle la lui donne. — A Réséda, au fond en dehors.) Le café, Réséda ? (Réséda disparaît.) Allez rejoindre votre Irlandais, monsieur...

THÉODULE.

Allez, cousin, allez...

CHATENAY, s'approchant de lui, et bas *.

Me braver en face, vous, monsieur !

THÉODULE, étonné.

Hein !

CHATENAY, bas.

Chut!

THÉODULE, à part.

Qu'a-t-il donc ?

Il s'assied à droite.

RÉSÉDA, vient apporter le café sur un petit guéridon. — A part.

Monsieur a l'air furieux !... J'ai été trop loin.

AMÉLIE, servant le café.

L'aimez-vous bien sucré, Théodule ?

THÉODULE, se retournant vers elle.

Oui, cousine, beaucoup de sucre.

RÉSÉDA, bas à Théodule. **

Ne prenez pas de café.

THÉODULE.

Comment ?

AMÉLIE, offrant une tasse à Théodule.

Tenez... votre sirop... de ma blanche main...

CHATENAY, devançant Théodule et prenant la tasse des mains d'Amélie.

Permettez. (Allant vers Théodule comme pour lui offrir la tasse.) Tenez, mon cher cousin... (Au moment où Théodule va la prendre, bas.) Nous nous expliquerons tout à l'heure, monsieur !

THÉODULE, étonné.

Monsieur ?

RÉSÉDA, bas à Théodule.

Ne répondez pas.

AMÉLIE.

Est-ce qu'il n'est pas assez sucré, votre café ?

CHATENAY, qui allait le boire.

Si !.. mais si... il est parfait.

AMÉLIE.

Que fais tu donc, mon ami ?

CHATENAY.

Ah ! pardon... une distraction !...

Il donne la tasse à Théodule.


* Amélie, Chatenay, Théodule.
** Amélie, Chatenay, Théodule, Réséda.

RÉSÉDA, à part.

Il grince ! il grince !

AMÉLIE, qui a bu et simplement.

Eh bien, tu ne sors pas ?..

CHATENAY.

Alors, c'est toi qui me conseille de sortir ?..

AMÉLIE.

Dame ! un agent de change est l'esclave de son carnet.

THÉODULE, qui va boire.

Un agent de change est l'esclave de...

CHATENAY, lui posant la main sur le bras, ce qui l'empêche de boire, et bas.

Assez, monsieur, assez

THÉODULE.

Mais je n'en ai pas encore pris...

CHATENAY, haut, s'oubliant.

Je sais tout...

THÉODULE.

Tout, quoi ?

AMÉLIE.

Qu'a-t-il donc fait, ce pauvre Théodule?

CHATENAY, avec ironie.

Tu le demandes? tu oses le demander ?

RÉSÉDA, à part.

Comment empêcher ?.. (Allant vivement à Théodule.) Monsieur Théodule veut-il une autre tasse ? (Il lui enlève sa tasse encore pleine, — et bas.) Allez-vous-en... monsieur ?..

THÉODULE.

Hein ?...

RÉSÉDA, bas.

Vous les gênez, c'est l'heure du couvre-feu.

Il emporte le petit guéridon.

THÉODULE, se levant et à part.

J'y suis... Réséda lui aura dit que j'étais allé chez Florentine... Très-sévère, le cousin...

AMÉLIE, assise sur le canapé.

Quel grand crime a-t-il donc commis? Voyons, cousin, racontez-nous...

CHATENAY.

Parlez donc, puisque madame vous en prie.

THÉODULE, bas.

Vous voulez, que, devant votre femme?...

CHATENAY, sérieusement.

Je l'exige...

THÉODULE, haut à Amélie *.

Cousine, excusez-moi, mais, vous le voyez, je ne cède qu'à
la force... Rassurez-vous... j'effleurerai...

CHATENAY.

Oh! pas de lacunes.

THÉODULE.

Soit, toute la vérité... rien que la vérité... (A part.) Qu'est-
ce que ça peut lui faire? (Haut.) Eh bien! j'avoue... j'avoue
mon crime... ou plutôt ma tentative.

CHATENAY.

Ah! enfin...

THÉODULE.

Donc, le hasard m'avait lancé ce soir sur une piste... ado-
rable!

CHATENAY.

Oh! ce soir... dites depuis longtemps.

THÉODULE.

Du tout... c'est bien la première fois que je suis allé, tout
à l'heure, rue La Bruyère, 65.

CHATENAY, à part.

Hein? (Haut.) rue La Bruyère?

THÉODULE.

Oui, chez mademoiselle Florentine.

CHATENAY, à part.

Il connaît Florentine!

THÉODULE.

Je sonne... et je me trouve en présence d'une soubrette...
édition Marivaux...

CHATENAY.

C'est bien... inutile de poursuivre...

AMÉLIE.

Laissez-le donc parler... c'est très-intéressant.

THÉODULE.

La soubrette m'accueille avec un sourire dont je connais le
prix... je m'exécute... mais on refuse de me laisser pénétrer
dans le boudoir...

CHATENAY, riant.

Ah! ah! ce pauvre Théodule!

AMÉLIE.

Et pourquoi cette consigne?

THÉODULE.

Pourquoi?... Parce qu'il y avait un pardessus et un chapeau dans l'antichambre.

* Amélie, Théodule, Chatenay.

CHATENAY, à part.

Hein ?

AMÉLIE, riant.

Vous n'arriviez que mauvais second...

THÉODULE.

Dites : bon troisième.

AMÉLIE.

Comment ?

THÉODULE.

La soubrette m'a appris que sa maîtresse attendait à dîner son amphitryon ordinaire, mais ce numéro 1 lui ayant faussé compagnie... alors...

AMÉLIE.

Elle a convoqué le numéro 2.

THÉODULE, se retournant vers Châtenay.

C'est le numéro 1 qui ne doit pas être content...

CHATENAY.

Assez, Théodule, plus un mot...

Bruit d'un carreau cassé à gauche.

THÉODULE.

Tiens !... un carreau cassé.

CHATENAY.

Laisse-nous, Amélie...

AMÉLIE.

Mais, mon ami...

CHATENAY.

Laisse-nous, te dis-je...

AMÉLIE, à part.

Oh ! c'est dommage !... j'aurais bien voulu savoir ce qu'a fait le numéro 1.

Elle sort à droite. Châtenay l'accompagne jusqu'à la porte.

# SCÈNE XV

## CHATENAY, THÉODULE, RÉSÉDA *.

THÉODULE.

Dites donc, cousin, ce pauvre numéro 1...

Il parle à voix basse.

RÉSÉDA, entrant par la porte de gauche, à part.

Je viens de casser deux carreaux dans la chambre de monsieur... comme ça, il sera bien forcé d'aller...

Il désigne la porte de droite.

* Réséda, Théodule, Châtenay.

CHATENAY, très-sérieux, à Théodule.

Enfin, nous voilà seuls !... Pas de faux-fuyants, cette fois...

THÉODULE.

Que voulez-vous dire ?

RÉSÉDA, à part.

L'explication !... je suis perdu !

CHATENAY.

Nous parlerons tout à l'heure du baiser.

THÉODULE.

Quel baiser ?.

RÉSÉDA, à part.

Décidément, j'ai été trop loin.

CHATENAY.

Comment se fait-il d'abord que vous connaissiez Florentine ?

THÉODULE.

Florentine ?... C'est votre domestique, Réséda...

RÉSÉDA, à part.

Oh !

Il veut sortir.

THÉODULE.

Qui m'a donné sa photographie et son adresse...

CHATENAY *.

Réséda !... il s'est permis '... (Il se retourne, aperçoit Réséda et le ramène.) Ah ! tu étais là... tu écoutais !..

RÉSÉDA.

Sans entendre, monsieur... je venais desservir...

CHATENAY.

Voyons, parle... Cette photographie... où l'as-tu prise ?

RÉSÉDA.

Elle a glissé de la poche de monsieur, l'autre jour, au moment où je brossais son paletot, et j'ai oublié de la remettre...

CHATENAY.

Tu avoues ?..

THÉODULE, assez haut.

Comment, cousin !... c'était vous l'amphitryon numéro 1 ?

CHATENAY, se tournant vers la porte de droite.

Chut... plus bas !... si ma femme...

THÉODULE.

Ah ! vous donnez dans les Florentines !

RÉSÉDA **.

Si monsieur m'avait confié ce détail de sa vie errante, je me serais bien gardé de...

* Théodule, Réséda, Chatenay.
** Théodule, Chatenay, Réséda.

CHATENAY.

Allons donc !... tu savais tout ;... et je tiens à connaître le motif de ton bavardage...

RÉSÉDA.

Le motif?... (A part.) Bigre !.. comment me tirer de là?

CHATENAY.

Oui, je veux savoir pourquoi?...


## SCÉNE XVI

### LES MÊMES, AMÉLIE.


AMÉLIE, entrant par la droite.

Réséda ! dites à Fanny de me porter du thé dans ma chambre... (Tendant la main à Théodule.) Bonsoir, cousin... vous excuserez mes habitudes provinciales.

THÉODULE *.

Comment donc, cousine... D'ailleurs il est tard, et moi-même qui ai été secoué par un train express... Bonne nuit, Châtenay.

Il tend la main à Châtenay.

CHATENAY, sérieux.

Nous nous reverrons... à demain...

THÉODULE, gaiement.

Sans doute... demain et tous les jours... (A part.) Qu'est-ce qu'il a encore?

Il va à gauche, chercher son pardessus.

CHATENAY, à part.

Allons... j'étais fou !... courir après une Florentine !... mais je l'aime ma femme... Désormais je ne sors plus, le soir... (Allant à Amélie qui se dirige vers la porte de droite.) Ma chère amie, je...

AMÉLIE **.

Mademoiselle Florentine !.. oh !...

Elle referme vivement la porte et disparaît. Bruit de verrou.

CHATENAY.

Elle a tout entendu...

THÉODULE, à part.

Ah bah !

RÉSÉDA, à part.

Sapristi !

* Châtenay, Théodule, Amélie.
** Théodule, Châtenay, Amélie.

CHATENAY, appelant.

Amélie? Amélie?... écoute-moi... rien!.. Ah! par la porte
du boudoir...

Il disparaît par la porte du fond, au milieu.

## SCÈNE XVII

### THÉODULE, RÉSÉDA.

RÉSÉDA, à lui-même.

C'est elle qui s'enferme à présent.

THÉODULE, qui a son chapeau et son pardessus.

De la brouille dans le ménage!.. je me sauve...

Il remonte.

RÉSÉDA, qui a une idée, à part.

Ah!... un instant.

THÉODULE.

Eclaire-moi, Réséda...

RÉSÉDA, lui barrant le passage au fond.

C'est inutile... monsieur reste ici...

THÉODULE.

Moi?... du tout... Je veux rentrer à mon hôtel...

RÉSÉDA.

A l'hôtel!.. loger à l'hôtel!.. vous... un cousin de madame... Elle ne le souffrirait pas... ni moi non plus. J'ai ordre
de donner à monsieur cette chambre.

Il désigne la porte de gauche.

THÉODULE.

Mais, c'est la chambre de Châtenay...

RÉSÉDA.

Dans le jour... oui... mais le soir... Allez, monsieur... j'ai
tout préparé...

THÉODULE.

Mais, le cousin ne m'a rien dit...

RÉSÉDA.

Il vous a dit : à demain. (Il le fait entrer à gauche.) Il y a bien
des carreaux cassés... mais un voyageur... ça a le sommeil
dur...

## SCÈNE XVIII

### RÉSÉDA, CHATENAY, puis, FANNY.

CHATENAY, revenant par le fond.

Enfermée !... Elle s'est enfermée à double tour.

RÉSÉDA, à part.

C'est la femme qui se barricade à présent !

CHATENAY.

C'est cet imbécile, qui est cause de tout... Enfin, puisque Amélie me refuse impitoyablement sa porte, allons dans ma chambre.

RÉSÉDA, à part *.

Va dans ta chambre, va...

On entend éternuer Théodule.

CHATENAY, ouvre la porte de sa chambre.

Hein ! Théodule dans mon lit !

THÉODULE, éternuant.

Atchum !

CHATENAY, refermant la porte.

Que signifie?...

RÉSÉDA.

C'est moi, monsieur.

CHATENAY.

Tu as donc juré de bouleverser ma maison... et mon existence... M'expliqueras-tu, à la fin?...

RÉSÉDA.

Eh bien !... oui, monsieur... je demande à faire des révélations...

CHATENAY.

Hein !... des révélations !

RÉSÉDA.

Et d'abord, le baiser de tout à l'heure... c'était moi...

CHATENAY.

Toi?...

RÉSÉDA.

Un baiser simulé... sur la main... pour vous empêcher de sortir...

CHATENAY, à part.

J'aime mieux ça. (Haut.) Ah ! tu voulais m'empêcher?...

RÉSÉDA.

Les effets dans le coffre à bois... encore moi !... idem, la

* Chatenay, Réséda.

saucière sur la robe... idem, les bûches... et la photographie...
CHATENAY.

Mais, pourquoi? dans quel but?

RÉSÉDA, se redressant.

Pour accomplir ma mission, monsieur.

CHATENAY.

Ta mission?...

RÉSÉDA.

La mission que monsieur votre beau-père m'a confiée...
« Veille sur le bonheur de ma fille » m'a dit ce quinquagé-
naire...

CHATENAY.

Je comprends... Ah! tu acceptes des missions pareilles
chez moi... Et tu crois que je le supporterai... Je te chasse...

RÉSÉDA.

Me chasser! moi, l'Ange de votre foyer!

CHATENAY.

Je te passerais tes premières bêtises... mais tu es cause
que ma femme sait tout, qu'elle m'a fermé sa porte... Tiens,
va-t'en! va-t'en! je te chasse!

RÉSÉDA.

Je m'en vais... monsieur. (A part.) Oh! ma mission! oh! ma
rente viagère!

Il va s'asseoir sur le coffre à bois. — Fanny entre avec un plateau sur
lequel est une tasse et une cafetière *.

CHATENAY, assis sur le canapé.

Qu'est-ce encore?

FANNY.

J'apporte le thé qu'a demandé madame.

Elle se dirige vers la porte de droite.

RÉSÉDA, à part et comme frappé d'une idée.

Oh!..

FANNY, à la porte de droite **.

Madame, c'est le thé...

RÉSÉDA, allant à Fanny et voulant lui prendre le plateau.

Chut...

FANNY.

Ce n'est pas à vous de...

CHATENAY.

Veux-tu bien la laisser...

RÉSÉDA.

Renvoyez-la, monsieur... renvoyez-la... Au nom du ciel !

* Chatenay, Fanny, Réséda.
** Chatenay, Réséda, Fanny.

CHATENAY.

Sortez, Fanny...

*Fanny sort.*

RÉSÉDA, qui a le plateau.

Maintenant, prenez ce plateau...

CHATENAY.

Moi !

RÉSÉDA, le lui mettant sur les genoux.

Prenez donc... et pas un mot...

*Il va frapper doucement à la porte de droite.*

VOIX D'AMÉLIE.

Entrez...

*Bruit du verrou. — Chatenay se lève, tenant le plateau.*

RÉSÉDA.

Allez, monsieur... je connais madame... elle a le pardon facile...

CHATENAY, entrant à droite.

Réséda, je double tes gages...

RÉSÉDA, éteignant une lampe et emportant l'autre.

Maintenant, je crois que je peux écrire au papa Girandard... (*Bruit d'un éternuement à gauche. — Réséda se dirigeant vers le fond.*) Dieu vous bénisse !...

FIN

CHATILLON-SUR-SEINE. — IMPRIMERIE E. CORNILLAC.